NOUVELLE LOI

SUR

LES SUCCESSIONS

Promulguée le 26 Février 1901

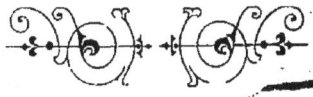

CLERMONT-FERRAND

IMPRIMERIE A. DUMONT, RUE DU PORT, 15-

—

1901

LES NOUVELLES MÉTHODES

DE LA

CULTURE DE LA VIGNE ET DE VINIFICATION

Par A. Bedel, 1 vol. in-18, orné de nombreuses gravures, **3 fr. 50**; franco par la poste, **4 francs**.

TRAITÉ COMPLET DE MANIPULATION DES VINS

Par A. Bedel, 1 vol. in-18 avec gravures, **3 fr. 50**; par la poste, **4 fr.**

Guide du Vigneron, pour l'emploi du sulfure de carbone contre le phylloxéra par MM. Crolas et Vermorel, prix, **1 fr. 50**, franco par la poste, **1 fr. 70**.

L'Apiculture par les Méthodes simples, traité de l'art d'exploiter les abeilles, par R. HOMMEL, ingénieur agronome, professeur d'agriculture à Riom. — Un beau volume de 338 pages, accompagné d'une centaine de gravures, relié toile anglaise, prix **5 fr.**, franco poste **5 fr. 70**

Manuel pratique de la revision des listes électorales, par J.-B. Daure, maire d'Alan.
Un volume in-8° de 338 pages, broché, **3 fr. 50**; franco par la poste, **3 fr. 80**.

Nouvelle Loi

SUR

Les Successions

Promulguée le 26 Février 1901

LA LOI

SUR

LES SUCCESSIONS

Le *Journal officiel* du mardi 26 février 1901 a promulgué la loi portant fixation du budget de 1901 et réglementant le nouveau régime des successions.

Ce nouveau régime qui, en droit, devient applicable dès ce moment, ne pourra entrer en vigueur que dans six mois à dater du jour de la promulgation. Les bénéficiaires de successions qui s'ouvriront à partir de ce jour, auront, en effet, un délai de six mois pour faire leurs déclarations. Dès lors c'est seulement à partir du 1er septembre prochain et par suite pendant les quatre derniers mois de 1901 que le nouveau régime commencera à produire ses effets.

Voici le texte de cette loi :

LOI portant fixation du budget général des dépenses et des recettes de l'exercice 1901.

Le Sénat et la Chambre des députés ont adopté,

Le Président de la République promulgue la loi dont la teneur suit :

. . . .

Art. 2. — Les droits de mutation par décès de biens, meubles ou immeubles, seront liquidés sur la part nette recueillie par chaque ayant droit. Ils sont perçus, sans addition d'aucun décime, pour chacune des fractions de cette part suivant les tarifs portés au tbleau ci-après :

INDICATION DES DEGRÉS de parenté	TAUX APPLICABLE A LA FRACTION DE PART NETTE COMPRISE ENTRE							
	1 fr. et 2.100 fr.	2.001 et 10.000 fr.	10.001 et 50.000 fr.	50.001 et 100.000 fr.	100.00 et 250.000 fr.	250.001 et 500.000 fr.	500.001 et 1 million	Au-dessus de 1 million
	0/0	0/0	0/0	0/0	0/0	0/0	0/0	0/0
1° Ligne directe....................	1 »	1 25	1 50	1 75	2 »	2 50	2 50	2 50
2° Entre époux....................	3 75	4 »	4 50	5 »	5 50	6 »	6 50	7 »
3° Entre frères et sœurs...........	8 50	9 »	9 50	10 »	10 50	11 »	11 50	12 »
4° Entre oncles ou tantes et neveux ou nièces....................	10 »	10 50	11 »	11 50	12 »	12 50	13 »	13 50
5° Entre grands-oncles ou grand-tantes, petits-neveux ou petites-nièces, et entre cousins germains...	12 »	12 50	13 »	13 50	14 »	14 50	15 »	15 50
6° Entre parents aux 5e et 6e degrés..	14 »	14 50	15 »	15 50	16 »	16 50	17 »	17 50
7° Entre parents au delà du 6e degré et entre personnes non parentes.	15 »	15 50	16 »	16 50	17 »	17 50	18 »	18 50

Sont abrogées les dispositions de l'avant-dernier alinéa de l'article 53 de la loi du 28 avril 1816, concernant l'époux survivant.

Art. 3. — Pour la liquidation et le payement des droits de mutation par décès seront déduites les dettes à la charge du défunt dont l'existence au jour de l'ouverture de la succession sera dûment justifiée par des titres susceptibles de faire preuve en justice contre le défunt.

S'il s'agit de dettes commerciales, l'administration pourra exiger, sous peine de rejet, la production des livres de commerce du défunt.

Ces livres seront déposés pendant cinq jours au bureau qui reçoit la déclaration, et ils seront, s'il y a lieu, communiqués une fois, sans déplacement, aux agents du service du contrôle, pendant les deux années qui suivront la déclaration, sous peine d'une amende égale aux droits qui n'auront pas été perçus par suite de la déduction du passif.

L'administration aura le droit de puiser dans les titres ou livres produits les renseignements permettant de contrôler la sincérité de la déclaration de l'actif dépendant de la succession, et, en cas d'instance, la production de ces titres ou livres ne pourra être refusée.

S'il s'agit d'une dette grevant une succession dévolue à une personne pour la nue-propriété et à une autre pour l'usufruit, le droit de mutation sera perçu sur l'actif de la succession diminué du montant de la dette, dans les conditions de l'article 13 ci-après.

Ar. 4. — Les dettes dont la déduction sera demandée seront détaillées, article par article, dans un inventaire sur papier non timbré, qui sera déposé au bureau lors de la déclaration de la succession et certifié par le déposant.

A l'appui de leur demande en déduction, les héritiers ou leurs représentants devront indiquer soit la date de l'acte, le nom et la résidence de l'officier public qui l'a reçu, soit la date du jugement et la juridiction dont il émane, soit la date du jugement déclaratif de la faillite ou de la liquidation judiciaire, ainsi que la date du procès-verbal des opérations de vérification et d'affirmation de créances ou du règlement définitif de la distribution par contribution.

Ils devront représenter les autres titres ou en produire une copie collationnée.

Le créancier ne pourra, sous peine de dommages-intérêts, se refuser à communiquer le titre sous récépissé ou à en laisser prendre, sans déplacement, une copie collationnée par un notaire ou le greffier de la justice de paix. Cette copie portera la mention de sa destination ; elle sera dispensée du timbre et de l'enregistrement tant qu'il n'en sera pas fait usage soit par acte public, soit en justice ou devant toute autre autorité constituée. Elle ne rendra pas par elle-même obligatoire l'enregistrement du titre.

Art. 5. — Toute dette au sujet de laquelle

l'agent de l'administration aura jugé les jus-
tifications insuffisantes ne sera pas retranchée
de l'actif de la succession pour la perception
du droit, sauf aux parties à se pourvoir en
restitution, s'il y a lieu, dans les deux années
à compter du jour de la déclaration.

Néanmoins, toute dette constatée par acte
authentique et non échue au jour de l'ouverture de la succession ne pourra être écartée
par l'administration, tant que celle-ci n'aura
pas fait juger qu'elle est simulée. L'action
pour prouver la simulation sera prescrite
après cinq ans à compter du jour de la
déclaration.

Les héritiers ou légataires seront admis,
dans le délai de deux ans à compter du jour
de la déclaration, à réclamer, sous les justifi-
cations prescrites à l'article 4, la déduction
des dettes établies par les opérations de la
faillite ou de la liquidation judiciaire, ou par
le règlement définitif de la distribution par
contribution postérieurs à la déclaration et à
obtenir le remboursement des droits qu'ils
auraient payés en trop.

Art. 6. — L'agent de l'administration aura
dans tous les cas la faculté d'exiger de l'héri-
tier la production de l'attestation du créancier
certifiant l'existence de la dette à l'époque de
l'ouverture de la succession. Cette attestation,
qui sera sur papier non timbré, ne pourra
être refusée, sous peine de dommages-intérêts,
toutes les fois qu'elle sera légitimement ré-
clamée.

Le créancier qui attestera l'existence d'une

dette déclarera, par une mention expresse, connaître les dispositions de l'article 9 relatives aux peines en cas de fausse attestation.

Art. 7. — Toutefois ne seront pas déduites :

1° Les dettes échues depuis plus de trois mois avant l'ouverture de la succession, à moins qu'il ne soit produit une attestation du créancier en certifiant l'existence à cette époque, dans la forme et suivant les règles déterminées à l'article 6 ;

2° Les dettes consenties par le défunt au profit de ses héritiers ou de personnes interposées. Sont réputés personnes interposées les personnes désignées dans les articles 911, dernier alinéa, et 1100 du code civil.

Néanmoins, lorsque la dette aura été consentie par un acte authentique ou par acte sous seing privé ayant date certaine avant l'ouverture de la succession autrement que par le décès d'une des parties contractantes, les héritiers, donataires et légataires, et les personnes réputées interposées auront le droit de prouver la sincérité de cette dette et son existence au jour de l'ouverture de la succession ;

3° Les dettes reconnues par testament ;

4° Les dettes hypothécaires garanties par une inscription périmée depuis plus de trois mois, à moins qu'il ne s'agisse d'une dette non échue et que l'existence n'en soit attestée par le créancier dans les formes prévues à l'article 6 ; si l'inscription n'est pas périmée,

mais si le chiffre en a été réduit, l'excédent
sera seul déduit, s'il y a lieu ;

5° Les dettes résultant de titres passés ou
de jugements rendus à l'étranger, à moins
qu'ils n'aient été rendus executoires en France;
celles qui sont hypothéquées exclusivement
sur les immeubles situés à l'étranger ; celles,
enfin, qui grèvent des successions d'étrangers,
à moins qu'elles n'aient été contractées en
France et envers des Français ou envers des
sociétés et des compagnies étrangères ayant
une succursale en France ;

6° Les dettes en capital et intérêts pour
lesquelles le délai de prescription est accom-
pli, à moins qu'il ne soit justifié que la prescription a été interrompue.

Art. 8. — L'inexactitude des déclarations ou
attestations de dettes pourra être établie par
tous les moyens de preuve admis par le droit
commun, excepté le serment.

Il n'est pas dérogé en cette matière aux
dispositions des articles 68 de la loi de
frimaire an VIII et 17 de la loi de ventôse
an IX, sauf dans les instances ne comportant
pas la procédure spéciale établie par ces articles.

Art. 9. — Toute déclaration ayant indû-
ment entraîné la déduction d'une dette sera
punie d'une amende égale au triple du
supplément de droit exigible, sans que cette
amende puisse être inférieure à 500 fr., sans
décimes.

Le prétendu créancier qui en aura faus-
sement attesté l'existence sera tenu soli-

dairement avec le déclarant au payement de l'amende et en supportera définitivement le tiers.

Art. 10. — L'action en recouvrement des droits et amendes exigibles par suite de l'inexactitude d'une attestation ou déclaration de dette se prescrit par cinq ans à partir de la déclaration de la succession.

Art. 11. — L'article 3 de la loi du 21 juin 1875 est modifié ainsi qu'il suit :

La valeur de la propriété des biens meubles est déterminée, pour la liquidation et le payement du droit de mutation par décès :

1º Par l'estimation contenue dans les inventaires ou autres actes passés dans les deux années du décès ;

2º Par le prix exprimé dans les actes de vente, lorsque cette vente a lieu publiquement et dans les deux années qui suivent le décès. Cette disposition s'applique aux objets inventoriés et estimés conformément au paragraphe Ier et dont l'évaluation serait inférieure au prix de vente ;

3º A défaut d'inventaire, d'actes ou de vente, en prenant pour base 33 0/0 de l'évaluation faite dans les polices d'assurances en cours au jour du décès et souscrites par le défunt ou ses auteurs moins de cinq ans avant l'ouverture de la succession, sauf preuve contraire. Cette disposition ne s'applique pas aux polices d'assurances concernant les récoltes, les bestiaux et les marchandises ;

4º Enfin, à défaut de toutes les bases d'évaluation établies aux trois paragraphes précédents, par la déclaration faite conformément au paragraphe 8 de l'article 14 de la loi du 22 frimaire an VII.

L'insuffisance dans l'estimation des biens déclarés sera punie d'un droit en sus, si elle résulte d'un acte antérieur à la déclaration. Si, au contraire, l'acte est postérieur à cette déclaration, il ne sera perçu qu'un droit simple sur la différence existant entre l'estimation des parties et l'évaluation contenue aux actes.

Les dispositions qui précèdent ne sont applicables ni aux créances ni aux rentes, actions, obligations, effets publics et autres biens meubles dont la valeur et le mode d'évaluation sont déterminés par des lois spéciales.

Les dispositions des deux derniers paragraphes de l'article 8 de la loi du 28 février 1872 sont applicables aux déclarations comprenant des fonds de commerce ou des clientéles dépendant de la succession.

Art. 12. — Les droits de mutation à titre gratuit entre vifs et par décès seront liquidés sur la valeur vénale en ce qui concerne les immeubles dont la destination actuelle n'est pas de procurer un revenu. Les insuffisances d'évaluation en valeur vénale seront constatées par voie d'expertise, s'il y a lieu, et réprimées selon les règles actuellement en vigueur.

Art. 13. — La valeur de la nue propriété et de l'usufruit des biens meubles et immeubles est déterminée, pour la liquidation et le payement des droits, ainsi qu'il suit, savoir :

1° Pour les transmissions à titre onéreux des biens autres que créances, rentes ou pensions, par le prix exprimé, en y ajoutant toutes les charges en capital, sauf application des articles 17 de la loi du 22 frimaire an VII et 13 de celle du 23 août 1871 ;

2° Pour les échanges et pour les transmissions entre vifs à titre gratuit ou celles qui s'opèrent par décès des mêmes biens, par une évaluation faite de la manière suivante : si l'usufruitier a moins de vingt ans révolus, l'usufruit est estimé aux sept dixièmes de la nue propriété aux trois dixièmes de la propriété entière, telle qu'elle doit être évaluée d'après les règles sur l'enregistrement. Au-dessus de cet âge, cette proportion est diminuée pour l'usufruit et augmentée pour la nue propriété d'un dixième par chaque période de dix ans, sans fraction. A partir de soixante-dix ans révolus de l'âge de l'usufruitier, la proportion est fixée à un dixième pour l'usufruit et à neuf dixièmes pour la nue propriété. Il n'est tenu compte que des usufruits ouverts au jour de la mutation de cette nue propriété.

Toutefois, dans le cas d'usufruits successifs, l'usufruit éventuel venant à s'ouvrir, le nu propriétaire aura droit à la restitution d'une somme égale à ce qu'il aurait payé en moins si le droit acquitté par lui avait été calculé d'après l'âge de l'usufruitier éventuel ; mais cette restitution aura lieu dans les limites seulement du droit dû par celui-ci. L'action en restitution ouverte au profit du nu propriétaire se prescrit par deux ans à compter du jour du décès du précédent usufruitier.

L'usufruit constitué pour une durée fixe est estimé aux deux dixièmes de la valeur de la propriété entière pour chaque période de dix ans de la durée de l'usufruit, sans fraction et sans égard à l'âge de l'usufruitier ;

3° Pour les créances à terme, les rentes perpétuelles ou non perpétuelles et les pensions créées ou transmises à quelque titre que ce soit, et pour l'amortissement de ces rentes ou pensions, par une quotité de la valeur de la propriété entière, établie suivant les règles indiquées au paragraphe précédent, d'après le capital déterminé par les paragraphes 2, 7 et 9 de l'article 14 de la loi du 22 frimaire an VII.

Il n'est rien dû pour la réunion de l'usufruit à la propriété lorsque cette réunion a lieu par le décès de l'usufruitier ou l'expiration du temps fixé pour la durée de l'usufruit.

Art. 14. — Les actes et déclarations régis par les dispositions des deux derniers paragraphes de l'article 13 feront connaître la date et le lieu de la naissance de l'usufruitier et, si la naissance est arrivée hors de France ou d'Algérie, il sera, en outre, justifié de cette date avant l'enregistrement ; à défaut de quoi, il sera perçu les droits les plus élevés qui pourraient être dus au Trésor, sauf restitution du trop perçu dans le délai de deux ans sur la représentation de l'acte de naissance, dans le cas où la naissance aurait eu lieu hors de France ou d'Algérie.

L'indication inexacte de la date de naissance de l'usufruitier sera passible, à titre d'amende, d'un droit en sus égal au supplément de droit simple exigible. Le droit le plus élevé deviendra exigible si l'inexactitude de la déclaration porte sur le lieu de naissance, sauf restitution si la date de naissance est reconnue exacte.

Art. 15. — L'article 23 de la loi du 8 juillet 1852 est modifié ainsi qu'il suit :

Le transfert ou la mutation au grand-livre de la dette publique d'une inscription de rentes provenant de titulaires décédés ou déclarés absents ne pourra être effectué que sur la présentation d'un certificat délivré sans frais par le receveur de l'enregistrement, constatant l'acquittement du droit de mutation par décès.

Il en sera de même pour les transferts ou conversions de titres nominatifs des sociétés, départements, communes et établissements publics.

Les sociétés ou compagnies, agents de change, changeurs, banquiers, escompteurs, officiers publics ou ministériels ou agents d'affaires qui seraient dépositaires, détenteurs ou débiteurs de titres, sommes ou valeurs dépendant d'une succession qu'ils sauraient ouverte devront adresser, soit avant le paiement, la remise ou le transfert, soit dans la quinzaine qui suivra ces opérations, au directeur de l'enregistrement du département de leur résidence la liste de ces titres, sommes ou valeurs. Il en sera donné récépissé.

Ces listes seront établies sur des formules imprimées, délivrées sans frais par l'administration de l'enregistrement.

Les compagnies françaises d'assurances sur la vie et les succursales établies en France des compagnies étrangères ne pourront se libérer des sommes, rentes ou émoluments quelconques dus par elles à raison du décès de l'assuré à des bénéficiaires autres que le conjoint survivant ou les successibles en ligne directe, si ce n'est sur la présentation d'un certificat délivré sans frais par le receveur d'enregistrement, dans la forme indiquée au premier alinéa du présent article, et constatant soit l'acquittement, soit la non exigibilité de l'impôt de mutation par décès, à moins qu'elles ne préfèrent retenir, pour la garantie du Trésor, et conserver jusqu'à la présentation du certificat du receveur, une somme égale au montant de l'impôt calculé sur les sommes, rentes ou émoluments par elle dus.

L'article 6 de la loi du 21 juin 1875 n'est pas applicable lorsque l'assurance a été contractée à l'étranger et que l'assuré n'avait en France, à l'époque de son décès, ni domicile de fait, ni domicile de droit.

Quiconque aura contrevenu aux dispositions du présent article sera personnellement tenu des droits et pénalités exigibles, sauf recours contre le redevable, et passible, en outre, d'une amende de 500 francs en principal.

Art. 16. — Les mutations par décès seront

enregistrées au bureau du domicile du dé-
cédé, quelle que soit la situation des valeurs
mobilières ou immobilières à déclarer.

A défaut de domicile en France, la déclaration sera passée au bureau du lieu du décès
ou, si le décès n'est pas survenu en France,
à ceux des bureaux qui seront désignés par
l'administration.

Les héritiers, légataires ou donataires, leurs
tuteurs ou curateurs, seront tenus, comme
par le passé, de souscrire une déclaration dé-
taillée et de la signer sur la formule créée
par l'article 11 de la loi du 6 décembre 1897.
Toutefois, en ce qui concerne les immeubles
situés dans la circonscription de bureaux autres que celui où est passée la déclaration, le
détail sera présenté non dans cette déclaration, mais distinctement, pour chaque bureau
de la situation des biens, sur une formule
fournie par l'administration et signée par le
déclarant.

Art. 17. — Lorsqu'il y aura lieu de requé-
rir l'expertise d'un immeuble ou d'un corps
de domaine ne formant qu'une seule exploitation situé dans le ressort de plusieurs tri-
bunaux, la demande en sera portée au tri-
bunal de première instance dans le ressort
duquel se trouve le chef-lieu de l'exploitation
ou, à défaut de chef-lieu, la partie des biens
présentant le plus grand revenu d'après la
matrice du rôle.

Les experts et, le cas échéant, le tiers
expert prêteront serment devant le juge de
paix du canton dans lequel se trouve le chef-
lieu de l'exploitation ou, à défaut du chef-lieu,

la partie des biens présentant le plus grand revenu d'après la matrice du rôle. Le tiers expert sera nommé par ce juge de paix, si les experts ne peuvent en convenir. Les dispositions de l'article 18 de la loi du 22 frimaire an VII non contraires au présent article sont maintenues.

Art. 18. — Les droits d'enregistrement des donations entre vifs de bien meubles ou immeubles sont affranchis de tout décime ; ils seront perçus selon les quotités ci après, et la formalité de la transcription au bureau du conservateur des hypothèques ne donnera plus lieu à aucun droit proportionnel autre que la taxe établie par la loi du 27 juillet 1900 :

En ligne directe :

1º Pour les donations portant partage, faites conformément aux articles 1075 et 1076 du code civil, par les père et mère ou autres ascendants entre leurs enfants ou descendants, un franc soixante-dix centimes par cent francs (1.70 p. 100) ;

2º Pour les donations faites par contrat de mariage aux futurs, deux francs par cent francs (2 p. 100) ;

3º Pour les donations autres que celles désignées aux deux numéros précédents, trois francs cinquante centimes par cent francs (3.50 p. 100) ;

Entre époux :

Par contrat de mariage, trois francs cinquante centimes par cent francs (3.50 p. 100) ;

Hors contrat de mariage, cinq francs par cent francs (5 p. 100) ;

En ligne collatérale :

Entre frères et sœurs :

Par contrat de mariage aux futurs, sept francs par cent francs (7 p. 100) ;

Hors contrat de mariage, neuf francs par cent francs (9 p. 100) ;

Entre oncles ou tantes et neveux ou nièces :

Par contrat de mariage, huit francs par cent francs (8 p. 100) ;

Hors contrat de mariage, dix francs par cent francs (10 p. 100) ;

Entre grands-oncles ou grand'tantes et petits-neveux ou petites nièces et entre cousins germains :

Par contrat de mariage, neuf francs par cent francs (9 p. 100) :

Hors contrat de mariage, onze francs par cent francs (11 p. 100) ;

Entre parents au 5e et au 6e degré :

Par contrat de mariage, dix francs par cent francs (10 p. 100) ;

Hors contrat de mariage, douze francs par cent francs (12 p. 100) ;

Entre parents au delà du 6e degré et entre personnes non parentes :

Par contrat de mariage, onze francs par cent francs (11 p. 100) ;

Hors contrat de mariage, treize francs cinquante centimes par cent francs (13.50 p. 100).

Art. 19. — Sont soumis à un droit de neuf francs pour cent francs (9 p. 100), sans addition de décimes, les dons et legs faits aux départements et aux communes, en tant qu'ils sont affectés par la volonté expresse du donateur à des œuvres d'assistance, ainsi que les dons et legs faits aux établissements publics charitables et hospitaliers, aux sociétés de secours mutuels et à toutes autres sociétés reconnues d'utilité publique dont les ressources sont affectées à des œuvres d'assistance.

Il sera statué sur le caractère de bienfaisance de la disposition par le décret rendu en conseil d'Etat ou l'arrêté préfectoral qui en autorisera l'acceptation.

Sont également soumis à un droit de neuf francs pour cent francs (9 p. 100), sans addition de décimes, les dons et legs faits aux sociétés d'instruction et d'éducation populaire gratuites reconnues d'utilité publique et subventionnées par l'Etat.

A l'égard de tous les biens légués aux départements et à tous autres établissements publics ou d'utilité publique, le délai pour le payement des droits de mutation par décès ne courra contre les héritiers ou légataires saisis de la succession qu'à compter du jour où l'autorité compétente aura statué sur la demande en autorisation d'accepter le legs, sans que le payement des droits puisse être différé au delà de deux années à compter du jour du décès.

Cette disposition ne porte pas atteinte à l'exercice du privilège que l'article 32 de la loi du 22 frimaire an VII accorde au Trésor sur les revenus des biens à déclarer.

Art. 20. — La taxe établie par l'article 5 de la loi du 21 juin 1875 sur les lots payés aux

créanciers et aux porteurs d'obligations, effets publics et tous autres titres d'emprunt, est fixée à huit pour cent (8 p. 100).

Il n'est pas innové en ce qui concerne les droits applicables aux primes de remboursement.

Art. 21. — Le droit fixe prévu par l'article 44, paragraphe 4, de la loi du 28 avril 1816, cessera d'être exigible pour toute réunion de l'usufruit à la propriété, opérée par acte de cession, dont le prix principal ne dépassera pas deux mille francs (2.000 fr.)

Art. 22. — Les formules créées par l'article 11 de la loi du 6 décembre 1897 pour les déclarations de mutation par décès seront délivrées aux déclarants moyennant payement de cinq centimes par feuille double et de deux centimes et demi par feuille simple.

. . . .

La présente loi, délibérée et adoptée par le Sénat et par la Chambre des députés, sera exécutée comme loi de l'Etat.

Fait à Paris, le 25 février 1901.

EMILE LOUBET.

Par le Président de la République,

Le ministre des finances,
J. CAILLAUX.

Clermont-Ferrand, Imp. A. DUMONT, 15, rue du Port.

La Nouvelle Loi sur les accidents, étude pratique, par M. Louis Jalenques, avocat à Clermont-Ferrand.

Une brochure in-8°, de 32 pages, prix **75** cent ; franco-poste, **80** cent.

Connaissances pratiques sur le droit rural et le cadastre, mises à la portée de tous les cultivateurs, fermiers, métayers, etc., par V. CAYASSE et J.-N. RABATE, 1899. Un vol. in-18, **1** fr.

Code manuel du Propriétaire agriculteur, par N.-D. ZOLLA, professeur d'Economie rurale et de législation à l'école nationale d'agriculture de Grignon, 1894. Un vol. in-18, **3** fr. **50.**

L'Avocat du Chasseur, petit traité pratique du droit de chasse, par G. Lecouffe.

Un volume in-18, prix, **0** fr. **75,** franco par la poste, **0** fr. **85.**

Chasses réservées, étude de droit usuel, sur les locations de chasse. Le garde-chasse, ses droits et ses devoirs La responsabilité des propriétaires de chasses, pour dégâts commis par le gibier, par Gaston Lecouffe, avocat à Saint-Omer.

Un volume in-18, prix, **0** fr. **75,** franco par la poste **0** fr. **85.**

Manuel des Constructions rurales, par C. Bona, ancien architecte, membre de plusieurs sociétés agricoles, 5me édition complètement refondue, 1 vol. in-18, accompagné de 200 figures, reliure élégante, au lieu de 3 fr. 50, **2** fr. **50,** franco poste. **2** fr. **85.**

Clermont-F. — Imp. Moderne, 15, r. du Port